Mono tití pigmeo

Julie Murray

Abdo Kids Junior es una subdivisión de Abdo Kids
abdobooks.com

Abdo
ANIMALES MINIATURA
Kids

abdobooks.com

Published by Abdo Kids, a division of ABDO, P.O. Box 398166, Minneapolis, Minnesota 55439.
Copyright © 2021 by Abdo Consulting Group, Inc. International copyrights reserved in all countries.
No part of this book may be reproduced in any form without written permission from the publisher.
Abdo Kids Junior™ is a trademark and logo of Abdo Kids.

Printed in the United States of America, North Mankato, Minnesota.

102020

012021

 THIS BOOK CONTAINS
RECYCLED MATERIALS

Spanish Translator: Maria Puchol

Photo Credits: Alamy, iStock, Minden Pictures, Shutterstock

Production Contributors: Teddy Borth, Jennie Forsberg, Grace Hansen

Design Contributors: Christina Doffing, Candice Keimig, Dorothy Toth

Library of Congress Control Number: 2020930759

Publisher's Cataloging-in-Publication Data

Names: Murray, Julie, author.

Title: Mono tití pigmeo/ by Julie Murray

Other title: Pygmy Marmoset. Spanish

Description: Minneapolis, Minnesota: Abdo Kids, 2021. | Series: Animales miniatura | Includes online
    resources and index.

Identifiers: ISBN 9781098204228 (lib.bdg.) | ISBN 9781098205201 (ebook)

Subjects: LCSH: Pygmy marmoset--Juvenile literature. | Monkeys--Juvenile literature. | Rain forest
    animals--Juvenile literature. | Animal size--Juvenile literature. | Spanish language materials--Juvenile
    literature.

Classification: DDC 599.82--dc23

Contenido

El mono tití pigmeo

Este mono es el más pequeño del mundo.

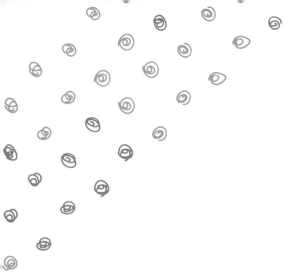

Vive en Sudamérica.

Sudamérica

7

Mide 5 pulgadas (12.7 cm) de alto. Pesa 4 onzas (113 g).

Su **pelaje** es de color dorado y café.

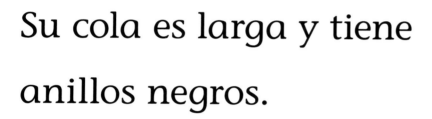

Su cola es larga y tiene anillos negros.

Este mono es muy ágil y rápido.

Es muy buen saltador también.

¡Puede saltar 15 pies (4.6 m)!

Vive en **colonias**. Las colonias tienen de 2 a 10 miembros.

Tiene los dientes afilados. Le gusta **roer** la corteza de los árboles. Así consigue su comida.

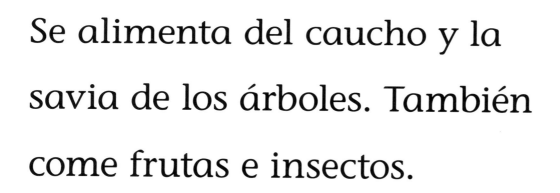

Se alimenta del caucho y la savia de los árboles. También come frutas e insectos.

¡Vamos a comparar!

mono tití pigmeo

mandril

Altura: 5 pulgadas (12.7 cm)
Peso: 4 onzas (113 g)

Altura: 33 pulgadas (84 cm)
Peso: 71 libras (32 kg)

Glosario

pelaje
pelo suave y denso que cubre el cuerpo de ciertos animales.

colonia
grupo de animales que viven y hacen cosas juntos.

roer
masticar repetidamente.

Índice

Abdo Kids
ONLINE
FREE! ONLINE MULTIMEDIA RESOURCES

¡Visita nuestra página abdokids.com y usa este código para tener acceso a juegos, manualidades, videos y mucho más!

Los recursos de internet están en inglés.

Usa este código Abdo Kids

MPK8831

¡o escanea este código QR!